AF260304

NOTICE BIOGRAPHIQUE

SUR

SA MAJESTÉ

LA REINE DES FRANÇAIS,

BIBLIOTHÈQUE ROYALE

**Extrait de la Revue générale biographique,
politique et littéraire,**

PUBLIÉE SOUS LA DIRECTION

DE M. E. PASCALLET.

Deuxième Edition.

PARIS. — 1847.

Egards et justice pour tous.

IMPRIMERIE DE MADAME DE LACOMBE,
rue d'Enghien, 12.

NOTICE BIOGRAPHIQUE

SUR

SA MAJESTÉ

LA REINE DES FRANÇAIS,

Fille de Ferdinand IV, roi des Deux-Siciles, et de Marie-Caroline d'Autriche, Sa Majesté la reine MARIE-AMÉLIE naquit à Caserte, à cinq lieues de Capoue, le 26 août 1782.

Un esprit juste autant que solide, un cœur aussi généreux que tendre, un caractère plein d'agrémens et susceptible d'être fortement trempé, annoncèrent de bonne heure, dans la jeune princesse, une destinée peu ordinaire.

Mais où trouver la main digne de développer dans ce cœur de jeune fille le germe de tous ces dons? Il ne fallait pas moins que les vertus d'Anne de Gonzague, réunies au génie éducateur de Fénélon. La princesse Amélie eut le bonheur de les rencontrer dans une seule femme, Madame d'Ambrosio, qui ne tarda point à reconnaître les heureuses dispositions de son auguste élève, et s'attacha surtout à les animer de ces sentimens chrétiens, unique fondement de toute forte éducation. La sage institutrice se livra même à ce soin avec un zèle si consciencieux , qu'on dirait qu'elle pressentait déjà pour Marie-Amélie le besoin de l'appui surhumain dont elle devrait s'étayer un jour au milieu des orages réservés à sa maturité.

L'auguste princesse avait à peine 10 ans, lorsqu'en 1798, notre flotte, sous les ordres de l'amiral La Touche-Tréville, se montra à l'entrée de la baie de Naples. A cette apparition soudaine, la terreur se répandit dans toute la ville et dans la cour du roi Ferdinand. L'occupation du territoire par les armes françaises fut le signal de violences et de réactions sanglantes qui se succédèrent sans interruption jusqu'au moment où Ferdinand IV parvint, mais seulement dix-huit ans après, à réunir tous ses états dans un seul royaume (12 décembre 1816), sous la dénomination de royaume des Deux-Siciles.

La cour de Naples fut donc contrainte, au mois de décembre 1798, de se réfugier en Sicile. La flottille napolitaine naviguait sous la protection d'une escadre anglaise, aux ordres de l'amiral Nelson. La traversée fut contrariée par un temps affreux : un des enfans du roi mourut à bord du vaisseau amiral. Le coup qui frappait Ferdinand, comme roi et comme père, fut si vivement senti par la jeune princesse, que, longtemps après, ses yeux se remplissaient encore de larmes à chaque circonstance qui en réveillait en elle le souvenir.

L'année suivante, le cardinal Ruffo reconquit,
sur la faction républicaine, la couronne de Ferdinand, et la rendit à son souverain. Mais le roi
ne rentra dans sa capitale que pour y voir couler
le sang à flots. Les chances de la guerre forcèrent de nouveau la famille royale napolitaine
à chercher un refuge en Sicile; le 31 janvier
1806, les nobles exilés entrèrent pour la seconde
fois dans le port de Palerme, où les acclamations de la multitude durent consoler l'auguste
famille de son deuxième exil, s'il est toutefois
une consolation pour une dynastie qui voit son
peuple en proie aux discordes politiques.

A cette époque les Anglais occupaient la Sicile, où ils s'étaient introduits sous le prétexte
d'en conserver la possession au roi de Naples.
De là, mille démêlés interminables, entretenus
par l'ambition de l'Angleterre, à laquelle la reine
Caroline opposa, mais en vain, tout l'effort de
son énergique patriotisme.

Durant les orages de la première révolution napolitaine, la princesse Amélie était restée auprès
de sa mère, à Palerme, et elle y resta même encore quelque temps après que les succès de Souwarouf dans la haute Italie eurent contraint l'armée française d'évacuer le royaume de Naples. En
1800, au mois de juin, la reine Caroline s'embarqua, à Palerme, avec ses trois filles, pour se
rendre à Livourne, d'où elle partit bientôt pour
Vienne, sans avoir même passé à Naples. C'est

au milieu de ces vicissitudes, si poignantes au cœur de la reine Caroline, que la princesse Amélie adoucit les souffrances de sa mère en lui prodiguant toutes les consolations d'une fille pieuse et dévouée.

La reine Caroline demeura en Autriche jusqu'en 1802. A cette époque, elle revint à Naples pour le double mariage de sa fille cadette, la princesse Marie-Antoinette, avec le prince des Asturies, depuis Ferdinand VII, et de son fils aîné, le prince de Calabre, avec Marie-Isabelle, l'infante d'Espagne. On eût dit que la princesse Amélie pressentait déjà tous les malheurs qui devaient bientôt assaillir son auguste sœur dans la Péninsule. Unie avec elle par les liens d'une affection longtemps éprouvée, le chagrin qu'elle ressentit au moment de cette séparation ne put être surpassé que par celui où la plongea la nouvelle de sa mort prématurée (1806). C'était, en effet, le terme d'une vie bien courte, mais passée déjà au creuset de toutes les tribulations. La perte d'une sœur si chérie ne fut, hélas! qu'une secousse de plus parmi celles qui se renouvelaient sans relâche pour le cœur de la sensible Amélie. Presqu'en même temps la mort lui enlevait ses deux sœurs aînées, l'impératrice d'Autriche Marie-Thérèse, et la grande duchesse de Toscane Marie-Louise.

A ces rudes épreuves, coup sur coup répétées, vinrent s'ajouter d'autres afflictions. En effet, ainsi que nous l'avons dit, de nouvelles tempêtes politiques avaient forcé le roi son père à s'enfuir du royaume et à se réfugier, pour la seconde fois, en Sicile. C'est dans ce nouvel exil que la princesse Amélie se montra religieusement occupée des devoirs de la piété filiale. Ne pouvant prendre pour elle seule toute la part du malheur qui accablait ses parens, elle en allégeait au moins le fardeau par les empressemens d'une tendresse toujours ingénieuse et, en quelque sorte, raffinée. Là, comme à Naples, elle aspirait encore à devenir la patronne des pauvres et des affligés ; et, en attendant que son âge et sa position lui permissent d'égaler ses bienfaits à ses généreux désirs, elle savait faire bénir son nom, en leur procurant des soulagemens et en compatissant à leurs misères.

Ainsi vivait la princesse Amélie depuis plus de vingt ans, ne trouvant de trève à ses douleurs qu'en versant des consolations sur les douleurs d'autrui, lorsque le duc d'Orléans, errant et proscrit avec toute la famille des Bourbons, résolut de visiter l'Etna et débarqua à Messine. Là, il écrivit au roi de Naples, pour l'informer de son arrivée dans ses états. La réponse fut une invitation de se rendre à Palerme, où Ferdinand tenait sa cour.

On fit un noble accueil au prince français, déjà non moins renommé pour la part qu'il avait prise à plusieurs victoires à jamais honorables pour la

France, que pour ses voyages lointains, d'un côté, jusqu'au cap Nord, de l'autre, jusqu'à l'Equateur. Le duc d'Orléans plut à Marie-Amélie, dont les charmes et les vertus produisirent sur lui une vive impression; il plut également à la reine Marie Caroline, qui résolut de l'avoir pour gendre.

Mais des incidens imprévus que le prince eut à subir, retardèrent la conclusion de ce mariage. A la demande du roi son futur beau-père, le duc d'Orléans eut à accompagner son second fils, Léopold duc de Salerne, sur les côtes d'Espagne, où l'on voulait essayer de soutenir la cause de la famille des Bourbons, contre Joseph Bonaparte, que repoussait la majorité du peuple auquel Napoléon l'avait imposé. Les deux princes se rendirent à Gibraltar, mais l'ombrageuse Angleterre, qui tyrannisait le roi Ferdinand IV dans son île, ne tint aucun compte de ses volontés à l'égard de l'Espagne et s'opposa à cette intervention. Le duc de Salerne fut retenu à Gibraltar, et le duc d'Orléans transféré à Londres (1808), où tout ce qu'il put obtenir fut d'être reconduit dans la Méditerranée, mais avec défense expresse de toucher à l'Espagne. Il allait donc s'embarquer à Portsmouth, lorsque, détourné de son voyage par Mlle Adélaïde d'Orléans qui venait à sa rencontre, ils s'embarquèrent ensemble pour Palerme. Marie-Amélie reçut à bras ouverts la sœur de celui qu'elle aimait, et il s'établit, à dater de ce jour, entre les deux princesses, une vive et intime sympathie que le temps n'a fait que fortifier .

Le mariage, d'abord arrêté, fut bientôt après béni par la religion (25 novembre 1809). La compagne qu'elle donna au duc d'Orléans ne devait pas seulement être le soutien et la consolation du prince dans les mauvais jours qui l'attendaient encore; mais le ciel la destinait à la fois à perpétuer sa race, à servir de modèle à toutes les mères françaises, à devenir, enfin, la providence du pauvre et à faire descendre du plus haut rang l'exemple et l'enseignement de toutes les vertus. Ce fut le 3 octobre suivant que lui naquit, à Palerme, son premier enfant, le duc de Chartres.

A cette époque la fortune était encore loin de se montrer favorable aux affaires du roi de Sicile. A la suite des luttes engagées entre le parti anglais et le parti de Marie-Caroline, Ferdinand résigna son autorité entre les mains de son fils aîné, tandis que Marie-Caroline payait de l'exil sa politique peut-être plus généreuse que prudente.

Que ne dut pas souffrir le cœur de la princesse Amélie en voyant se succéder toutes les épreuves de la fatalité qui semblait attachée à sa famille? Sans doute le bonheur domestique adoucit de pareils chagrins, mais il ne les guérit pas, quelquefois même il les augmente par une comparaison douloureuse qu'on en fait avec des prospérités personnelles qui se changent dès lors en supplices pour la piété filiale. Le bonheur domestique aurait suffi à un cœur égoïste, mais la pieuse duchesse d'Orléans pouvait-elle s'en contenter?

Sur ces entrefaites eut lieu la Restauration des Bourbons en France. Aussitôt, le duc d'Orléans part pour Paris et se met aux ordres du roi qui, le 15 mai 1814, le nomma colonel-général des hussards. Au mois de juillet suivant, il retourna à Palerme, y prit congé de la famille royale de Sicile, et emmena la sienne, augmentée de deux nouveaux enfans, la princesse Louise, aujourd'hui reine des Belges, et Mgr le duc de Nemours. Il arriva à Paris vers la fin d'août, et jouit enfin du bonheur de s'installer au Palais-Royal, cette demeure de ses pères, si riche pour lui de souvenirs.

Dans sa nouvelle patrie, sa patrie d'adoption et de cœur, la Duchesse se concilia tous les suffrages; elle gagna tous les cœurs en cédant aux inspirations du sien.

Mais des joies si douces et si pures furent bientôt troublées par le débarquement de Cannes. Le duc d'Orléans se déclara prêt à partager, avec le roi, la mauvaise comme la bonne fortune; il fut chargé de se rendre à Lyon pour y seconder les opérations de Monsieur, comte d'Artois; mais n'ayant pu arrêter la marche triomphante de l'empereur, il repassa par Paris, et bientôt après fut envoyé à la frontière du nord pour en prendre le commanemdent.

Ce contre-temps, si inattendu, força le duc d'Orléans à s'éloigner de son auguste épouse. La Duchesse, se séparant le 12 mars 1815, non sans de vifs regrets, de son mari et de la France, partit pour la Grande-Bretagne. Là, aussi, les plus sincères hommages accueillirent l'auguste fugitive. Tous les partis s'acordèrent à rendre justice à cette femme modeste qui, née près du trône, et peut-être elle-même appelée au sceptre, n'avait d'autre ambition que de plaire à son époux, de partager ses revers, de vivre enfin pour sa famille et faire de bonnes œuvres.

D'au-delà de la frontière, où le Duc avait d'abord suivi le roi, il alla rejoindre sa famille à Londres. Cette seconde période d'exil fut de courte durée, comme on sait. Dès la fin de juillet, le duc d'Orléans était de retour à Paris et s'occupait de faire lever le sequestre que le gouvernement des Cent-Jours avait mis sur le Palais-Royal.

Toutefois, il avait laissé sa famille à Twikenham, où la duchesse était enceinte de nouveau. Il partit vers la fin de 1815. Au mois de mars 1816, sa famille s'accrut d'un cinquième rejeton, mais la princesse née à Twikenham ne vécut que deux ans. C'était le dernier enfant de l'exil : tous ceux qui suivirent, et dont un seul, le duc de Pen-

thièvre, est mort, sont nés, soit à Paris, soit à
Neuilly.

Ce fut en janvier 1817, que le duc d'Orléans
revint en France avec son épouse et ses enfans. Il
s'établit à Paris et s'occupa dès l'abord à achever
et à embellir le Palais-Royal, qui devint bientôt
le rendez-vous d'une société brillante, à l'admis-
sion de laquelle les seuls titres étaient le talent et
les services rendus.

Parfaitement d'accord avec son mari sur ce
point, comme sur tous les autres, Marie-Amélie
voulut que ses fils participassent à l'enseignement
universitaire. Le duc de Chartres fut envoyé au
collége royal de Henri IV. Il en fut de même suc-
cessivement pour tous ses frères, et l'on sait combien de fois leurs succès firent battre le cœur de
Marie-Amélie.

Ce n'est pas ici le lieu de s'étendre sur la funeste politique de la Restauration et le mécontén-
tement universel qu'elle souleva : nous rappel-
lerons seulement que l'évènement ne se fit pas
longtemps attendre, et qu'il porta sur le trône
le duc d'Orléans pour qui, certes, dans sa famille
nul n'avait conspiré, si ce n'est pourtant la po-
pularité du prince, et plus encore peut-être les
qualités vraiment royales de son épouse, qui
lui avait en effet conquis de si nombreux amis
autant par l'irrésistible attrait d'une bonté infa-
tigable que par cette politesse attentive, élevée en

France au rang d'une vertu, tant nos mœurs y attachent de prix.

Le duc d'Orléans était au Raincy lorsque MM. Dupin et Persil vinrent lui transmettre à Neuilly le vœu de la Chambre des députés, qui désirait lui confier la lieutenance-générale du royaume :

« Mon mari n'est pas à Neuilly, » dit la Duchesse à M. Dupin. — « Cependant, Madame, il est temps » de se décider, toute incertitude serait funeste. » Les ordonnances ont rompu tout pacte avec la » branche aînée, toute réconciliation est devenue » impossible entre le peuple et Charles X, et la » France entière a toujours eu les plus vives sym- » pathies pour le duc d'Orléans. Mais il faut sur- » tout prendre un parti prompt et décisif, sous » peine de voir la révolution de 1830 se perdre » dans de vaines théories, qui n'auraient d'autre » résultat que de mettre l'anarchie dans la France, » pour aboutir, peut-être, à une autre restaura- » tion »

Le duc d'Orléans pouvait-il s'opposer à une destinée que les circonstances rendaient si impérieuse? Une ère nouvelle s'était donc ouverte pour la France! Mais quel changement surtout pour Marie-Amélie, la princesse si douce, l'épouse si dévouée, la mère si tendre et si heureuse! Combien ses penchans si paisibles, ses habitudes si calmes, auraient-elles été troublées par l'orage inattendu qui la plaçait sur le trône, si son cœur n'avait battu à l'unisson avec celui de son royal époux, pour l'intérêt de la France, bien supérieur à leurs yeux à celui de leur tranquillité domestique. Mais si le trône agrandissait sa destinée, il ne devait rien changer à ses habitudes de modestie et de bonté. Seulement en ceignant le royal bandeau, elle ne tarda pas à sentir qu'il se transformait aussi pour son front en couronne d'épines.

D'un côté les émeutes, les conspirations, les attentats à la vie du roi, depuis la machine de Fieschi, jusqu'à la carabine de Lecomte ; de l'autre, la mort de deux de ses enfants, de ceux précisément qui devaient peut-être le plus rassurer ses espérances, si nous en jugeons par l'amour qu'ils avaient inspiré à la nation entière : voilà les terribles épreuves auxquelles fut soumise alternativement l'épouse et la mère, épreuves que nous l'avons vu supporter avec un courage que semblait exclure l'exquise sensibilité dont elle est douée. Le secret de cette constance, il faut le chercher dans la religion qui offre des consolations que les hommes ne sauraient donner. La prière est une puissance, mais une puissance telle qu'on a vu les âmes faibles et tombées se relever fortes et sublimes après avoir invoqué Dieu. La Reine n'est pas faible; mais elle croit avec toute la conviction du caractère italien et de son cœur; avec cette foi chrétienne, en un mot, qui nous fait triompher de la douleur et de l'adversité.

Nous ne ferons pas le tableau des huit ou dix

régicides dont l'affligeant spectacle nous a été donné; loin de nous ces souvenirs odieux que nous voudrions effacer de l'histoire de la France. Mais puisqu'il ne nous est pas permis de jeter un voile sur toutes les parties d'un passé dont notre tâche est de rappeler le souvenir, racontons la fin si prématurée de la princesse Marie et celle à jamais si regrettable du Prince Royal : Dieu a mêlé du charme à la douleur elle-même, et il y a une sorte de douceur à s'entretenir des morts, quand on ne peut prononcer leur nom sans l'accompagner d'un éloge ou d'un tribut d'admiration.

C'est le 2 juin 1839, que la princesse Marie est décédée à Pise, dans les bras de son mari, le duc de Wurtemberg, et de son frère monseigneur le duc de Nemours.

Si vives que fussent alors les querelles et les passions qui divisaient les esprits (1), cette triste nouvelle réunit tous les cœurs dans un même sentiment de sympathie et de douleur. Chacun éprouva le besoin d'associer ses regrets à ceux de la royale famille, frappée dans un de ses membres les plus précieux. Cette grande douleur, qui tombait sur le trône déjà si chargé de ses afflictions, fut, du moins, ressentie et partagée; les larmes qui coulaient si abondantes des yeux d'une

(1) C'était à l'époque où la coalition faisait une si rude guerre au cabinet du 15 avril, présidé par M. le comte Molé.

reine, trouvèrent le chemin de tous les cœurs.
La duchesse de Wurtemberg avait à peine vingt-
cinq ans. Née à Palerme le 12 avril 1813, elle s'é-
tait mariée en 1837. Un prince était né de ce mariage. C'est à la suite des couches de la duchesse
que se déclarèrent les premiers symptômes de la
maladie dont elle est morte.

Fille d'un roi, la duchesse de Wurtemberg
porta dans la culture des arts la supériorité du
génie, que d'ordinaire développe seul dans un artiste le brûlant désir d'échapper par la gloire à
l'injurieuse obscurité de sa position. Douée des
plus nobles qualités, elle fut l'orgueil autant que
la joie de son auguste famille. Devenue populaire par le talent, elle était restée aimable par
le cœur. Si pieuse et si résignée jusque dans la
mort, elle a prouvé combien son âme était haute;
prodigue de consolations jusqu'au dernier soupir,
envers son mari et son frère qui assistaient à son
agonie, elle n'a pas moins montré combien son
cœur était resté tendre.

Une incroyable fatalité fit arriver la nouvelle
de sa mort au moment même où les dépêches
venues du Mexique excitaient l'allégresse et la
confiance parmi tous les princes de la famille
royale. On vit alors refoulés par des larmes de
désespoir, les pleurs de joie qui coulaient de tous
les yeux au récit du triomphe de notre marine
et de la part glorieuse qu'un fils du roi avait
prise à ses dangers. La Providence sembla vou-

loir qu'une si grande douleur ne demeurât pas sans consolations.

Voici un extrait du jugement porté sur la royale artiste par un peintre d'histoire, M. de Lorme, dans une séance de la Société libre des Beaux-Arts qu'il présidait :

« La princesse Marie est morte..... La France
» entière déplore cette fin prématurée ; mais au-
» cune classe de citoyens n'y est plus sensible
» que celle des artistes. Artiste elle-même, la
» princesse avait formé avec eux un lien de fra-
» ternité, qui les honorait de son illustration
» personnelle.....

» Elle choisit l'art le plus pénible et dont la
» pratique aurait pu, dans l'élévation de son
» rang, paraître roturière à tout autre : elle le
» choisit comme le plus monumental. Ni les fa-
» tigues, ni les dangers ne la rebutent, l'atelier
» sévère du statuaire est ce qui la captive, et ses
» faibles mains animent le marbre avec autant
» de force que de délicatesse. On pourrait dire
» que la Sculpture, touchée de ses efforts et re-
» connaissante de la préférence qui lui était
» donnée, inspira à la princesse une des plus
» belles pensées de notre siècle.

» Le succès de la statue de Jeanne d'Arc fut
» immense ; il devint populaire, il fut même eu-
» ropéen. On reconnut qu'une femme seule
» avait pu concevoir et représenter ainsi la pu-

BIBLIOTHÈQUE NATIONALE R.F.

2

» dique héroïne; on admira sans restriction cette
» création d'une austérité remplie de grâce.
» Pouvait-on, en effet, rendre mieux la fermeté
» dans la résignation ? Quelle profondeur dans
» la pensée religieuse et guerrière qui lui fait
» presser sur son sein le pommeau de son épée,
» à la fois l'emblême de son Dieu et la défense
» de sa cause? Que de modestie dans l'ajuste-
» ment! Les formes féminines s'y retrouvent
» sans être trop accusées, et la figure est em-
» preinte de la plus noble virginité. Pudeur,
» inspiration, tels en sont les caractères. Ajou-
» tons, nous, artistes, ajoutons sans flatterie
» que, quels que soient le nombre et le mérite des
» ouvrages qui l'entourent, dans quelque propor-
» tion qu'elle soit reproduite, l'œil la distingue
» et la sépare de tous : toujours elle conserve
» son originalité. J'insiste sur cet éloge, com-
» mandé par le génie, parce que cette production
» est frappée de sa vive étincelle. Si, de Ver-
» sailles, nous nous transportons à Fontaine-
» bleau, notre admiration n'est pas moindre à
» l'aspect des vitraux dont est ornée la chapelle
» de Saint-Saturnin. Exécutés d'après les dessins
» de la princesse Marie, dans un style qui se
» rapproche habilement des anciennes peintures
» sur verre, ces vitraux produisent un effet im-
» possible à décrire et qui porte dans l'âme le
» plus pieux recueillement..... »
Trois ans et demi plus tard, le 13 juillet 1842,

le fils aîné de la Reine suivait dans la tombe la deuxième de ses sœurs. Le duc d'Orléans, le prince royal, l'héritier du trône, périt à l'âge de 32 ans (1). Il périt d'une mort tragique qui augmentait encore l'amertume des regrets. Cette mort causa une douleur et une consternation universelle. Le nom du prince royal, l'éloge de tant de rares et brillantes qualités, à jamais perdues pour la France, étaient dans toutes les bouches. On se rappelait sa modestie, son affabilité, sa bravoure, ses vertus de famille et les gages déjà si nombreux de dévoûment qu'il avait donnés à la cause nationale. Personne qui ne se sentît frappé profondément par un coup si affreux, si imprévu. Les cœurs étaient brisés par le sentiment de ce malheur qu'on regarda, à juste titre, comme une calamité publique.

Qu'on se représente la Reine accourant à pied, de Neuilly, à la première nouvelle de l'accident, qu'on se la représente agenouillée auprès du lit du prince mourant, versant sur cette tête si chérie des flots de larmes et de prières. Aucune plume ne saurait rendre l'aspect déchirant que présentait ce tableau. Le prince mort, le Roi avait entraîné la Reine dans une pièce contiguë à la chambre mortuaire, et où les ministres, les maréchaux et tous les assistans étaient rassemblés.

« Quel malheur pour notre famille, s'écrie la

(1) Il était né le 3 septembre 1810.

» Reine; mais quel affreux malheur aussi pour
» la France ! »

Et, en prononçant ces mots, S. M. sanglottait.
Autour d'elle, tout était larmes, gémissemens,
désolation.

Le duc d'Orléans n'était pas seulement un
prince accompli. — Esprit ferme, raison élevée,
courage à toute épreuve, âme aussi haute que sa
fortune; c'était encore le meilleur des fils, le plus
tendre des époux, le frère le plus affectueux, et,
disons-le à sa gloire, car c'en est une dans un si
haut rang, l'ami le plus sincère et le plus dévoué.
Ce n'est donc pas seulement dans ses intérêts
les plus sérieux et les plus nobles, c'est dans
ses affections les plus chères que la famille
royale fut frappée. Devant une pareille douleur
la voix nous manquerait, si nous avions une
autre pensée que de la raconter, de la ressentir
et de la plaindre.

Elevé dans nos colléges, aux applaudissemens
du public, le duc d'Orléans avait puisé dans cette
éducation forte et virile des principes et des sentimens qui ont honoré sa trop courte carrière. Il
aimait ardemment son pays, et il comprenait
tout ce que le haut rang où le ciel l'avait placé,
exigeait de dévouement, d'intelligence et de
courage.

Quand éclata la Révolution de Juillet, il n'avait
pas encore vingt ans, mais, préparé qu'il était
par ses fortes études, il fut sur-le-champ à la

hauteur de sa nouvelle destinée. Partout où nos soldats ont eu à porter le drapeau de la France, le prince royal s'est montré. A Anvers, en Afrique, il a payé de sa personne. et notre armée a pu apprécier tout ce qu'il y avait chez lui de noble instinct militaire : on comprenait qu'il était né pour commander, et cependant, dans sa modeste défiance de lui-même, il ne voulait qu'obéir. C'est sous les ordres de nos plus illustres vétérans, les maréchaux Gérard et Clauzel, qu'il a gagné ses éperons. L'armée entière adorait en lui l'homme qui avait pour tous ses besoins la plus tendre et la plus active sollicitude ; l'homme qui comprenait toutes ses susceptibilités, et qui était jaloux comme elle de maintenir intacte la vieille gloire de la France. Nos soldats de l'armée d'Afrique versèrent sur son sort des larmes amères, et se dirent avec douleur que c'est au milieu de ses préoccupations militaires que la mort est venue le saisir, au moment où il se rendait au camp de Saint-Omer.

Pour la famille royale, ce fut une douleur que le temps n'a point effacée. La princesse Marie en était l'ornement et la grâce ; le prince royal en était l'orgueil et la plus haute espérance : tous deux sont morts prématurément, laissant dans le cœur de leur mère une place à jamais saignante.

Nous avons dit que c'est dans la religion que Marie-Amélie a trouvé un refuge contre son désespoir ; nous pourrions ajouter aussi dans le sentiment profond de ses devoirs de Reine et dans l'exercice de la bienfaisance. La charité, de tout temps, a été pour elle l'objet d'un culte, et en montant sur le trône, elle s'applaudit de pouvoir la pratiquer plus magnifiquement. En raconter les actes, ce serait entreprendre une tâche difficile; d'ailleurs, nous craindrions, en publiant cette royale munificence, de violer un secret que Sa Majesté garde avec tant de délicatesse; ingénieuse à faire le bien, elle ne l'est pas moins à cacher ses bienfaits; prouvant en sa royale personne que la charité aime à s'entourer de mystère pour se dérober à la gloire de ce monde, les yeux fixés sur une récompense d'un tout autre prix.

Il est un sentiment que le cœur de l'homme recéla longtemps sans le connaître, que le christianisme alla découvrir et éveiller dans ses retraites profondes et qu'il développa tout à coup aux applaudissements de la terre étonnée : ce sentiment, c'est la charité, l'amour de l'homme pour ses semblables. Différent de tous les autres, en ce qu'il est infiniment plus large en lui-même et plus fécond dans ses résultats, il s'en distingue encore par le caractère d'activité morale qui lui est inhérent. Un sentiment peut habiter dans le cœur et se nourrir de lui-même, sans se manifester au dehors par des actes. Il n'en est pas ainsi de la charité : l'action est pour elle une condition d'existence, car la religion chrétienne l'a condamnée à n'être rien sans les œuvres, et son action étant essentiellement morale, c'est-à-dire prodigue de bienfaits et de sacrifices, on ne sait si l'on doit l'appeler un sentiment plutôt qu'une vertu. Le scepticisme et l'incrédulité n'engendreront jamais que l'égoïsme, et l'homme qui ne voit rien pour lui au-delà du tombeau, sera-t-il jamais vivement porté à se priver pour ses semblables du seul bien-être auquel il croit?

Un des caractères propres à la charité, c'est qu'elle possède toutes les vertus dont elle a besoin ; elle est tour à tour patiente et impétueuse, vive et insinuante ; elle compose avec les obstacles, elle sait aussi les franchir. Un premier succès la conduit infailliblement à un second. Commandant par les sacrifices qu'elle s'impose, elle en profite pour augmenter à l'infini tous les genres de soulagement et de consolation. Enfin, elle parvient toujours à réunir en sa faveur une force d'opinion devant laquelle tout le monde s'incline.

Qui n'a reconnu la Reine à cette définition de la charité, la Reine dont le nom en est devenu l'auguste synonyme? Aussi cette réputation de bienfaisance est-elle comme une auréole qui brille à son front, et lui fait-elle un rempart contre les passions publiques qui l'ont toujours respectée.

(Extrait de la Revue.)

www.ingramcontent.com/pod-product-compliance
Lightning Source LLC
Chambersburg PA
CBHW050811070726
47595CB00015B/3146